SOCIÉTÉ

POUR

L'ENSEIGNEMENT

PROFESSIONNEL

DES FEMMES

(ÉCOLES ÉLISA LEMONNIER)

*Médailles d'Or à l'Exposition universelle de 1878 (Paris)
et à l'Exposition internationale de Londres (1884)
Diplôme d'Honneur à l'Exposition internationale de la
Nouvelle-Orléans (1885)*

ASSEMBLÉE GÉNÉRALE DU 17 MAI 1886

PARIS

SIÈGE SOCIAL : 3, RUE DE DOUAI

SOCIÉTÉ

POUR

L'ENSEIGNEMENT

PROFESSIONNEL

DES FEMMES

(ÉCOLES ÉLISA LEMONNIER)

*Médailles d'Or à l'Exposition universelle de 1878 (Paris)
et à l'Exposition internationale de Londres (1884)
Diplôme d'Honneur à l'Exposition internationale de la
Nouvelle-Orléans (1885)*

ASSEMBLÉE GÉNÉRALE DU 17 MAI 1886

PARIS

SIÈGE SOCIAL : 3, RUE DE DOUAI

VERSAILLES. — IMPRIMERIE CERF ET FILS, 59, RUE DUPLESSIS.

CONSEIL D'ADMINISTRATION

EXERCICE 1885-1886.

Mˢ Dorian, *Présidente.* 55, rue de la Faisanderie.
Hugo Oberndœrffer, *Vice-Présidente.* 30, avenue de Messine.
Mathé (H.), *Vice-Présidente.* 7, boulevard Voltaire.
Magniant, *Trésorière.* 40, boulevard du Temple.
Lemonnier (Paul), *Secrétaire.* 45, rue de Saint-Pétersbourg.

Mˢ Beaujean, 39, rue de l'Université. Mˢ Jules Simon, 10, place de la Madeleine.
Brühl, 5, rue de La Boétie. Lévylier-Goudchaux, 6, rue Meisso-
Carnot (mère), 122, rue de La Boétie. nier.
Cohn (Albert), 2, rue Chaptal. Lubeck, 122, avenue Wagram.
Coignet, 23, rue des Écuries-d'Artois. Manuel (Eugène), 6, rue Raynouard.
Colin, 14, rue de Croissy, à Chatou. Millard, 4, rue Rembrandt.
Floquet (Charles), au Palais-Bourbon. Mˡˡᵉ Toussaint (Julie), 3, rue de Douai.

Mᵐᵉ Souvestre (Émile), *membre honoraire*, 21, rue St-Antoine, à Versailles.

Mˡˡᵉ Toussaint (Julie), secrétaire-générale, 3, rue de Douai.

Conseil consultatif.

MM. Charbonnel (avocat), MM. Jules Simon, sénateur, membre de
Lemonnier (Ch.), docteur en droit. l'Institut, ancien Ministre.
Lemonnier (Paul). Worms (Justin).
Lévylier-Goudchaux (Ad.).

Commission des Finances.

Mᵐᵉˢ Biollay (Léon). Mᵐᵉˢ Millard.
Beaujean. Magniant.
Cohn (Albert). Mˡˡᵉ Toussaint (Julie).
Floquet (Ch.).

Commissaires pour l'année 1885-86.

M. Fumouze (Armand). M. Rochard (Ch.).

Commission d'inspection des Arts industriels.

Mᵐᵉˢ Aron-Caen (Eugène). MM. Moyse.
Bertaux (Léon). Pillet.
Ferry (Jules). Risler (Charles).
MM. Flameng (Léopold). Ronchaud (de).
Hirsch (Auguste). Schœnewerck.
Lièvre (Ed.). Toulmouche (René).
Mayeur. Yon.

Membre honoraire : Mᵐᵉ Pillaut (Claire).

Commission des Etudes.

Mmes Wallerstein (S.).
Présidente.
Lévy (Georges).
Vice-Présidente.
Mlle Mantoux.
Secrétaire.
Mmes Beaujean.
Bedel (A.).
Brühl.

Mmes Colin.
Dreyfus (Ferd.).
Derenbourg.
Franck (A.).
Halphen (Eugène).
Hayem (Charles).
Kahn.
Lazard (Simon).
Mlle Loir.

Mlle Loizillon.
Mmes Lubeck.
Millard.
Oberndœrffer (Hugo).
Oulmont (Paul).
Ribot (Alexandre).
Mlle Toussaint (Julie).
Mme Weil.

Comité des Ateliers.

Mmes Hugo Oberndœrffer, *Présidente.*
Hartog, *Secrétaire.*
Brisac.
Cibiel.
Charras.
Cohn (Samson).
Debaître.

Mmes Dreyfus (Georges).
Floquet (Ch.).
Hesse (Adolphe).
Mathé.
Millard.
Van Brock.

Comité de Patronage et de Placement.

Mmes Cohn (Albert).
Magniant.
Babé.
Borel.
Brühl.
Clamageran.
Cornély.
Deutz.
Guéroult.
Hayem.

Mmes Hirsch.
Jules Simon.
Manuel.
May.
Mlle Michaud.
Mmes Ouvrard.
Pillaut.
Régnier.
Mlle Toussaint (Julie)

SOCIÉTÉ

POUR

L'ENSEIGNEMENT PROFESSIONNEL

DES FEMMES

(ÉCOLES ÉLISA LEMONNIER)

ASSEMBLÉE GÉNÉRALE DU 17 MAI 1886

A deux heures et demie, trente-huit personnes sont présentes dans l'une des salles de l'Ecole professionnelle, 24, rue Duperré. Parmi elles, trente-cinq sont actionnaires de la Société et chargées des pouvoirs de vingt autres actionnaires. Neuf mille trois cent quatre-vingt-dix-neuf actions appartiennent aux cinquante-cinq actionnaires présents ou représentés. Ce total dépassant le quart du capital social exigé par les statuts pour qu'une Assemblée puisse valablement délibérer, l'Assemblée est régulièrement constituée. Trois personnes, sans avoir le titre d'actionnaires, assistent à la réunion ; elles ont opéré des versements à valoir sur des actions qui leur seront ultérieurement délivrées ; elles ne prennent point part aux délibérations.

La séance est ouverte ; elle est présidée par Madame Dorian, présidente du Conseil d'administration.

Mesdemoiselles Turner et Weismann sont nommées scrutatrices.
Mademoiselle Julie Toussaint est nommée secrétaire.

L'ordre du jour porte :

RAPPORT DU CONSEIL D'ADMINISTRATION.
RAPPORT DES COMMISSAIRES.
EXAMEN DES COMPTES.
NOMINATION DES NOUVEAUX COMMISSAIRES.
DÉSIGNATION DU JOURNAL DANS LEQUEL DEVRONT ÊTRE INSÉRÉS LES AVIS
  ET LES CONVOCATIONS.
NOMINATION DE SIX ADMINISTRATEURS.

Madame Dorian lit, au nom du Conseil d'administration, le rapport suivant :

Mesdames, Messieurs,

Nous avons, cette année, laissé passer, sans vous convoquer, la date habituelle de notre assemblée générale et retardé ainsi de quelques mois le compte-rendu annuel que nous devons, aux termes des statuts, vous présenter. Des négociations entamées avec la Ville de Paris au sujet de l'école de la rue de Poitou, et notre désir de vous en faire connaître, ou, tout au moins, entrevoir la fin, nous ont entraînées à remettre de mois en mois, et presque de semaine en semaine, l'indication du jour où il nous serait possible de vous réunir. Nous voici enfin au moment où la réalisation de cette importante affaire nous semble prochaine, et où nous croyons, sans dommage pour l'école, pouvoir en publier les conditions probables. La conclusion définitive ne tient plus qu'à un dernier accord entre le propriétaire de l'immeuble et la Ville de Paris.

Toutefois, avant de vous exposer ce qui, malgré les probabilités de réalisation, n'est encore qu'un projet, nous devons vous rendre compte de notre gestion et vous présenter le tableau de la situation de nos écoles.

Nous continuerons à observer la disposition adoptée depuis deux ans pour ce compte-rendu : tous les chiffres de détail seront groupés dans un tableau imprimé à la suite de notre rapport qui ne vous présentera que les considérations générales et les chiffres sur lesquels elles s'appuient.

Le nombre total des élèves présentes dans nos quatre écoles est plus élevé qu'en décembre 1884 ; il était alors de 504, il est aujourd'hui de 525. Toutes nos écoles, sauf celle de la rue de Poitou, concourent à cette augmentation.

Le nombre total des bourses accordées s'est élevé de 103 1/2 à 119 5/6, mais sans grever notre budget d'une façon sensible ; la fondation, par le Conseil général de la Seine, de 15 bourses départementales est venue, fort heureusement, alléger ces nouvelles charges. L'école de la rue Duperré compte 54 bourses ; celle de la rue des Boulets, 29 ; l'école de la rue d'Assas, 21, et celle de la rue de Poitou, 16. Ces bourses se répartissent par bourses entières ou fractions de bourses, entre 144 élèves.

La répartition des élèves entre les diverses professions n'a que très peu varié ; les cours artistiques sont toujours les plus suivis ; viennent ensuite le cours de commerce et l'atelier de couture qui offrent, cette année, une légère augmentation d'élèves.

Le produit mensuel de la rétribution scolaire, pour nos quatre écoles, est de 6,154 francs ; il n'était, en décembre 1884, que de 5,943 francs. Les élèves paient en moyenne 11 fr. 60 c. par mois.

Les concours de fin d'année n'ont pas été moins bons que ceux de l'année précédente ; l'école de la rue Duperré y tient toujours la première place ; l'école de la rue d'Assas a remplacé l'école de la rue de Poitou au second rang ; viennent ensuite l'école de la rue de Poitou et celle de la rue des Boulets.

L'école de la rue de Poitou s'est signalée par ses succès au concours de commerce ; l'école de la rue Duperré a remporté tous les prix de dessin, de composition, de couture et d'anglais ; l'école de la rue d'Assas a presque égalé l'école de la rue Duperré pour ses succès dans les cours généraux ; enfin l'école de la rue des Boulets, sans atteindre encore ses aînées, est manifestement en progrès : témoin les cinq brevets supérieurs obtenus par ses élèves.

Les résultats de notre enseignement général ont été exceptionnellement satisfaisants. Le nombre des brevets primaires obtenus par nos élèves s'est élevé de 31 à 53 ; celui des brevets supérieurs, de 9 à 13. N'oublions pas que toutes ces élèves diplômées ont dû, conformément à nos règlements, suivre, durant leur séjour à l'école, l'un de nos cours professionnels, et que les aspirantes à l'obtention du brevet supérieur sont seules exemptées de cette obligation. Nous évitons ainsi d'accroître le nombre déjà trop grand des institutrices sans vocation et sans emploi, dépourvues de toute autre ressource que l'exercice de l'enseignement. Le brevet primaire est, à nos yeux, un certificat de bonnes études générales qui accompagne et complète l'instruction professionnelle et technique de nos élèves. Le programme de nos cours généraux conduit, d'ailleurs, sans aucune addition, à l'obtention de ce brevet.

En ce qui concerne notre enseignement professionnel, nous avons à vous signaler des résultats tout exceptionnels qui nous causent la satisfaction la plus vive.

Trois de nos jeunes filles ont obtenu le brevet de professeur d'anglais ; une autre a été admise dans l'administration des Postes et Télégraphes.

Vingt-trois élèves ont été reçues à l'exposition des Beaux-Arts (Salon annuel de peinture) ; six élèves ont pris part à l'exposition de Blanc et Noir où l'une d'elles a obtenu, pour un dessin, une mention honorable.

Trois élèves ont obtenu le brevet de professeur de dessin pour les écoles de la Ville de Paris ; le nombre des brevets délivrés à cette session n'a été que de 19.

Au Ministère des Beaux-Arts, dix de nos jeunes filles ont obtenu le brevet de professeur de dessin, cinq au premier degré et cinq au degré supérieur.

Ce dernier résultat est, pour notre enseignement du dessin, un succès éclatant. La difficulté des épreuves, la variété et l'étendue des matières du programme sont telles que l'examen du brevet supérieur n'est accessible qu'à des artistes doués de savoir, d'expérience et d'habileté. On ne comptait guère que les femmes pussent s'y présenter, encore moins y réussir. Pourtant une de nos élèves, Mademoiselle Anna Tirard, l'avait subi avec succès en 1884 ; cette année, parmi les 25 candidats (19 hommes et 6 femmes) admis, nous voyons figurer 5 de nos élèves, avec les numéros 3, 5, 9, 10 et 11. Quatre de ces élèves appartiennent à l'école de la rue Duperré ; la cinquième, élève de l'école de la rue de Poitou, a tout aussitôt été nommée professeur de dessin au lycée de jeunes filles du Havre. Les autres jeunes filles reçues peuvent aspirer à remplir, dans d'autres lycées, les mêmes fonctions.

Enfin, nos écoles ont remporté collectivement, à l'exposition universelle de la Nouvelle-Orléans, un diplôme d'honneur équivalant à une médaille d'or, récompense accordée à l'ensemble de nos travaux professionnels : couture, commerce, gravure, dessin et applications industrielles du dessin.

A chaque occasion qui lui est donnée de se produire, notre œuvre est l'objet des jugements les plus favorables et nous puisons dans cette approbation des forces nouvelles. Notre personnel enseignant se sent aussi fortifié par cette sanction donnée à la persévérance de ses efforts. Le plan de notre enseignement, tracé dans ses grandes lignes par la fondatrice de notre œuvre, étudié et complété par notre Association, a eu le rare bonheur d'être compris et exécuté par un personnel dévoué et intelligent à qui nous adressons l'expression de notre sincère reconnaissance.

Les membres de nos divers Comités ont aussi largement contribué à cette prospérité de notre œuvre ; le progrès des études, la bonne direction des ateliers, le bon ordre des finances, sont dus en grande partie à leur action éclairée, assidue et bienveillante.

Enfin, nous n'oublions pas que c'est à votre adhésion sympathique que nous devons les moyens de soutenir cette organisation et de la perfectionner.

Toutefois, nous avons dû rechercher, en dehors de notre association, des secours financiers sans lesquels notre œuvre n'aurait pu atteindre le développement qu'elle a pris. Nous voulons parler de l'appui que nous ont si généreusement donné le Conseil Municipal de Paris, le Ministère de l'Instruction publique et des Beaux-Arts et le Ministère du Commerce et de l'Industrie.

Le Conseil Municipal de Paris, en considération de nos charges toujours croissantes, a bien voulu élever de 28,000 à 32,000 francs le chiffre de notre subvention annuelle ; il a maintenu, dans chacune de nos écoles, les 15 boursières municipales qui y sont placées depuis 1880.

Le Conseil Général de la Seine, sur le rapport bienveillant de M. Piperaud, a fondé, cette année, 15 bourses départementales, réparties entre les écoles de la rue Duperré, de la rue d'Assas et de la rue des Boulets. L'école de la rue de Poitou n'a pas eu de part à cette répartition à cause de sa cession probable à la Ville (1).

---

(1) Extrait du rapport de M. Piperaud, présenté au nom de la 5⁰ commission (Instruction publique au Conseil général de la Seine (1885).

Fondation de quinze bourses départementales dans trois écoles professionnelles, Elisa Lemonnier.

Nous sommes d'avis que, dans l'intérêt des finances du département aussi bien que dans celui même des familles, nous ne devons accorder des bourses, dans les lycées et dans les écoles supérieures, qu'à des intelligences d'élite. Nous pourrions, autrement, faire des déclassés et aller ainsi à l'encontre du but proposé. Mais nous reconnaissons volontiers que les quinze bourses que vous venez d'accorder aux écoles Elisa Lemonnier auront un résultat pratique direct.

Nous avons visité les trois écoles : rue d'Assas, rue Duperré et rue des Boulets. Nous avons rapporté de cette visite une excellente impression.

Nous serions heureux de voir l'Administration établir des écoles en tous points semblables.

Elles rendraient de réels services à la population travailleuse et elles coûteraient moins cher que nos écoles publiques actuelles.

L'initiative privée, dans cette circonstance, s'est montrée intelligente et dévouée.

Le Département a donc fait œuvre pratique en subventionnant ces écoles qui sont dignes du plus grand intérêt.

Nous vous proposons donc un crédit de 2,700 francs.

Nous exprimons notre profonde gratitude envers le Conseil Municipal de Paris et le Conseil Général de la Seine dont nous nous efforcerons toujours de justifier la confiance.

Le Ministère de l'Instruction publique et des Beaux-Arts a réduit de 6,000 à 5,000 francs le chiffre de notre subvention annuelle ; mais cette réduction, imposée par des nécessités budgétaires, n'indique aucunement un affaiblissement de l'intérêt que l'administration porte à nos écoles. Monsieur le Ministre de l'Instruction publique a bien voulu nous en assurer par la lettre qui nous a appris cette regrettable réduction, et nous avons l'espoir que, dans un avenir prochain, sa bienveillance pourra se manifester par le rétablissement de l'ancien chiffre de notre subvention. Nous n'en sommes pas moins très reconnaissantes du subside que Monsieur le Ministre de l'Instruction publique veut bien nous accorder.

Le Ministère du Commerce et de l'Industrie nous a alloué, comme par le passé, une subvention de 6,000 francs que nous appliquons à notre enseignement commercial et technique. Nous remercions Monsieur le Ministre du Commerce et de l'Industrie d'un appui qui est à la fois pour nous un précieux encouragement et un secours indispensable.

Le Ministère de l'Instruction publique et des Beaux-Arts nous est encore venu en aide en nous faisant des dons de modèles pour nos ateliers de dessin et de livres pour nos distributions de prix.

Des volumes de prix nous ont été donnés par M. le Préfet de la Seine.

La souscription ouverte pour l'achat d'instruments de physique a produit, cette année, 1,145 francs ; elle n'est pas close et nous la signalons à votre générosité.

Mme E. Lubeck a fait, dans nos écoles, plusieurs examens d'anglais.

MM. Benloew et Cabart ont fait des interrogations historiques et scientifiques.

MM. Barré, Colin, Mme Lubeck, Miss Jones ont jugé nos concours généraux de comptabilité, d'arithmétique et d'anglais.

Vous trouverez, à la fin du rapport, la liste des personnes qui ont contribué à l'achat des prix. Aux noms que vous avez coutume de lire sur cette liste s'ajoutent, cette année, ceux de MM. Pasquier et James Jackson qui ont fondé, à la rue d'Assas, des prix de géographie, et celui de M. Maurice Cabart, qui a bien voulu perpétuer le prix de dessin que M. Cabart père avait fondé.

Mmes Carnot, Deutz, E. Fréville, Eugène Halphen, Ad. Hesse, Hugo Oberndœrffer, Magniant, MM. G. Chouquet et Weber ont offert des livres à nos bibliothèques.

MM. Boucheron, professeur à l'école de la rue Duperré, et Schneider, professeur à l'école de la rue d'Assas, ont fourni gratuitement plusieurs des produits employés aux cours de chimie.

Mmes Deutz, Mathé, Magniant, Millard, Hugo Oberndœrffer, ont donné des étoffes qui sont transformées en vêtements et en layettes dans les cours généraux de couture.

Mme Millard a offert une bibliothèque à l'école de la rue des Boulets ; des échantillons de minéralogie et des instruments de physique à l'école de la rue d'Assas.

Mme Hugo Oberndœrffer a pourvu d'un mannequin l'atelier de couture de l'école de la rue d'Assas ; l'école de la rue Duperré a reçu de Mme Brühl une boîte de minéralogie.

Mlle Lecœur a donné plusieurs stères de bois pour l'allumage des calorifères.

M. Paul Lemonnier, voulant s'associer à notre sollicitude pour le personnel des écoles, nous a remis un titre de 360 francs de rente 3 0/0 qui seront annuellement attribués, à titre de gratification, à certains membres désignés de ce personnel.

Le Conseil Municipal de Paris, l'Association d'Alsace-Lorraine, continuent de placer un certain nombre d'élèves boursières dans nos écoles ; nous avons encore cette année reçu des boursières du Ministère de l'Intérieur et de la Caisse des Écoles du VIe arrondissement.

La Société des Abeilles, fondée par les élèves de l'institution des Ruches de Fontainebleau, a continué de payer une bourse à l'école de la rue Duperré.

M. Van der Fliet, exécuteur testamentaire de Mme Mathieu Saint-Hilaire, nous a remis le capital de 4.000 francs dont l'intérêt devait, aux termes du testament, être employé « pour des œuvres regardant les femmes » ; cet intérêt nous était payé depuis 1874. Nous remercions M. Van der Fliet de nous avoir ainsi assuré la jouissance de ce capital représenté par un titre de 147 francs de rente 3 0/0.

Les membres de la Presse n'ont pas cessé de nous donner le concours le plus empressé. Nous les en remercions sincèrement.

La vente de 1885 a laissé 46,530 fr. 90 c. de bénéfice net. Bien que ce chiffre atteigne à peine la moyenne du produit habituel de nos ventes, nous sommes profondément reconnaissantes envers les dames qui nous ont aidées à le réaliser, car nous savons tout ce que l'organisation de la vente entraîne pour chacune d'elles de travail, de dépenses et de fatigues. Le personnel dévoué qui veut bien, chaque année, diriger cette laborieuse opération, ne s'augmente guère et se renouvelle peu, nous le disons à regret; la charge retombe toujours sur les mêmes personnes et la moindre lacune parmi nos collaboratrices diminue d'autant la récolte que nous attendons.

Il est donc très désirable que de nouveaux noms s'inscrivent sur la liste de nos dames vendeuses ; nous vous prions de nous aider à les recruter.

Voici l'exposé de notre situation financière :

SITUATION FINANCIÈRE

Année 1884-1885

<table>
<tr><td colspan="3">RECETTES:</td><td colspan="2">DÉPENSES.</td></tr>
<tr><td colspan="5" align="center">DU 1er OCTOBRE 1884 AU 30 SEPTEMBRE 1885</td></tr>
</table>

RECETTES:

DU 1er OCTOBRE 1884 AU 30 SEPTEMBRE 1885

En caisse au 1er octobre 1884..........	253 39	
J. Worms, Alphen, Dauphin et Cie : solde des versements opérés pendant l'année et intérêts..	617 30	
Produit de la vente de titres et valeurs............	15,258 20	
Versements p. souscriptions annuelles.. 15,348 25		
Versements p. souscriptions sans engagement annuel. 100 »	15,448 25	
Don du Conseil Municipal de Paris (1884-85) 30,000 »		131,949 90
Don du Ministère de l'Instruction publique..... 5,000 »	46,016 60	
Don du Ministère du Commerce..... 6,000 »		
Legs Mathieu St-Hilaire.. 4,000 »		
Dons divers.. 1,016 60		
Dons pour achat de prix..	1,721 50	
Souscription pour l'achat d'instrum. de physique..	1,145 »	
Produit de la vente de mars 1885............	46,530 90	
Immeuble de la rue des Boulets, solde de divers comptes de mitoyenneté.	2,442 15	
Mme Magniant, son prêt...	2,770 »	

Ecole de la rue de Poitou, 7 :

Rétributions scolaires......	14,213 50	
Fournitures de classe	492 60	14,770 70
Recettes diverses.........	64 60	

A REPORTER..... 146,973 99

DÉPENSES.

Personnel.............	6,230 40	
Loyer du siège social....	600 »	
Frais généraux de la Société	1,426 96	
Achat de prix..........	2,920 50	
Crédit Foncier, amortissem. (Ecoles rue Duperré et rue des Boulets)......	1,075 25	22,530 61
Caisse des Retraites, versements de l'année.......	3,736 »	
Intérêts payés pendant l'année...............	1,223 40	
Achat d'un titre de 147 fr. de rente 3 0/0 (legs Mathieu St-Hilaire)......	4,041 60	
Exposition de la Nouvelle-Orléans............	131 50	
Achat d'instruments de physique............	1,145 »	

Ecole de la rue de Poitou, 7 :

Loyer et impôts	19,376 40	
Appointements des professeurs..............	24,644 20	
Eclairage et chauffage...	1,075 50	48,734 47
Matériel et réparations....	1,610 57	
Frais divers et publicité..	1,674 15	
Fournitures de classe.....	62 20	
Dépenses pour les ateliers.	291 45	

A REPORTER..... 71,263 08

(SUITE.)

<table>
<tr><td colspan="2">RECETTES:</td><td colspan="2">DÉPENSES:</td></tr>
<tr><td>REPORT............ 146,973 99</td><td></td><td>REPORT............ 71,265 08</td><td></td></tr>
</table>

Ecole de la rue Duperré, 24 :

Rétributions scolaires.....	21,463 »	
Produit des ateliers......	30 »	21,644 50
Fournitures de classe.....	54 20	
Recettes diverses........	97 30	

Ecole de la rue d'Assas, 70 :

Rétributions scolaires.....	10,748 50	11,188 30
Fournitures de classe.....	439 80	

Ecole de la rue des Boulets, 41 :

Rétributions scolaires.....	12,211 70	
Produit des ateliers......	67 »	13,382 70
Fournitures de classe.....	1,054 »	
Recettes diverses........	50 »	

Ecole de la rue Duperré, 24 :

Annuité du Crédit Foncier (intérêts).............	6,568 45	
Impôts................	1,590 30	
Appointements des professeurs..............	37,909 75	55,840 83
Eclairage et chauffage ...	2,497 70	
Matériel et frais d'installat.	3,341 58	
Frais divers et publicité..	1,850 90	
Dépenses pour les ateliers.	2,082 15	

Ecole de la rue d'Assas, 70 :

Loyer et impôts.........	6,000 40	
Appointements des professeurs...............	20,714 70	
Eclairage et chauffage....	951 25	29,617 03
Matériel et réparations...	614 95	
Ateliers...............	53 90	
Frais divers et publicité..	631 55	
Fournitures de classe	650 28	

Ecole de la rue des Boulets, 41 :

Annuité du Crédit Foncier (intérêts)...........	5,076 70	
Impôts................	492 30	
Appointements des professeurs...............	23,922 55	35,762 51
Eclairage et chauffage...	1,638 30	
Matériel et frais d'installat.	2,275 65	
Frais divers et publicité..	1,257 91	
Fournitures de classe....	926 75	
Dépenses pour les ateliers.	172 35	

Total des dépenses...............192,485 45
Solde en caisse au 30 septembre 1885... 704 04

TOTAL DES RECETTES......193,189 49

TOTAL ÉGAL............193,189 49

BILAN AU 30 SEPTEMBRE 1885

ACTIF

Espèces en *caisse* au 30 septembre 1885. — 704 04
Titres et valeurs — 22,563 73
Souscriptions échues à recouvrer — Mémoire.
Élèves (rétributions scolaires échues).
Ecole : rue de Poitou — 92 »
— d'Assas — 60 » } 576 »
— des Boulets — 424 »

Fournitures de classe :
Marchandises en magasin :
Ecole : rue de Poitou — 787 50
— rue Duperré — 1,065 80 } 3,295 05
— rue d'Assas — 854 75
— rue des Boulets — 587 »

Débiteurs :
Semestre à toucher de l'allocation accordée par le Conseil Municipal pour l'année 1885 — 16,000 »

Loyers d'avance :
Semestre payé à M. Lepère, propriétaire, pour l'Ecole de la rue de Poitou. — 8,000 »

Fonds d'externats :
Estimation des externats établis, savoir :
Rue de Poitou, 7
Rue Duperré, 24 } 22,305 22
Rue d'Assas, 70
Rue des Boulets, 41

Immeuble Duperré :
Total des paiements effectués — 399,038 25

Immeuble des Boulets :
Total des paiements effectués (1) — 263,003 12

J. Worms, Alphen, Dauphin et Cie :
Solde de compte à notre crédit — 456 10

Total de l'Actif — 735,941 51
Pertes et Profits pour solde — 378,872 17
Total égal à celui du Passif — 1,114,813 68

PASSIF

Loyers à payer :
Ecole rue de Poitou — 4,750 »
— rue d'Assas — 1,500 10 } 6,300 10
Siège social, 3, rue de Douai — 50 »

Professeurs :
Solde de leurs appointements jusqu'au 30 septembre :
Ecole rue de Poitou — 996 05
— rue Duperré — 1,457 05 } 3,127 35
— rue d'Assas — 674 25

Dons avec destination :
1° Titres dont l'intérêt est affecté à l'achat d'un prix annuel de couture et d'un prix annuel de dessin (composition) — 6,000 »
2° Titre inaliénable affecté à la garantie de la rente de 300 fr. qui doit être servie à divers membres désignés du personnel. (Don de Mme Paul Lemonnier) — 8,100 » } 23,820 »
3° Titres inaliénables affectés à la garantie de la rente de 360 fr. qui doit être servie à divers membres désignés du personnel (Don de M. Paul Lemonnier) — 9,720 »

Versements pour souscriptions :
Versements pour souscriptions d'actions. — 20,389 90

Crédit Foncier :
Montant de sa créance (immeubles rue Duperré et rue des Boulets) — 260,376 33
Madame Magniant (sa créance) — 6,000 »

Capital — 794,800 »

Total du Passif — 1,114,813 68

PERTES ET PROFITS (Année 1884-1885)

DOIT

Pertes figurant au bilan de l'année 1883-84 — 347,873 87
Ecole rue de Poitou, pertes de l'année — 34,417 72
— rue Duperré — 45,624 45 } 127,549 20
— rue d'Assas — 18,365 03
— rue des Boulets — 29,142 »
Loyer du siège social — 600 »
Personnel administratif — 6,230 40
Frais généraux de la Société — 1,426 96
Dons pour prix, excédent des achats sur les dons — 1,199 »
Retraites, versements faits à la Caisse des Retraites — 3,736 »
Exposition de la Nouvelle-Orléans — 131 50
Intérêts — 341 10
Fonds d'externats, amortissement — 2,478 35

Total — 491,566 38

AVOIR

Dons — 48,016 60
Produit de la vente de mars 1885 (net) — 46,530 90
Loyers (Ecoles rue Duperré et rue des Boulets) intérêts des sommes dépensées pour les deux immeubles — 18,146 71
Solde, pertes du 30 septembre 1869 au 30 septembre 1885 — 378,872 17

Total égal — 491,566 38

(1) L'encaissement des 2,442 fr. 15 c. reçus en 1885 pour divers comptes de mitoyenneté a réduit à 263,003 fr. 12 c. ce total qui figurait à l'inventaire du 30 septembre 1884 pour la somme de 265,445 fr. 27 c.

Nos recettes de toute nature se sont élevées, cette année, au chiffre de 193,189 fr. 49 c. ; nos dépenses au chiffre de 192,485 fr. 45 c.

Les recettes comprennent une somme de 15,258 fr. 20 c. produit de la vente de titres et une somme de 2,770 fr. avancée à la Société par M\u1d50\u1d49 Magniant.

Les dépenses comprennent une somme de 1,075 fr. 25 payés pour l'amortissement au Crédit Foncier et le solde des frais d'installation de l'école de la rue des Boulets.

Les versements pour souscriptions se sont élevés au chiffre de 15,448 fr. 25 c.

Ce total se décompose ainsi :

Versements pour souscriptions annuelles......	15,348 fr.	25 c.
» sans engagement annuel........	100	
Total........	15,448 fr.	25 c.

Le chiffre des souscriptions annuelles est de 524 fr. 25 c. moins élevé que celui de l'année 1883-1884 ; celui des souscriptions sans engagement annuel s'est abaissé de cent francs.

Les 15,348 fr. 25 c. de souscriptions annuelles ont été versés par 544 souscripteurs, savoir :

1 souscripteur à	5 fr.	»	....	5 fr.	»
4	—	6	»	....	24	»
17	—	10	»	....	170	»
1	—	12	50	....	12	50
4	—	15	»	....	60	»
9	—	20	»	....	180	»
464	—	25	»	....	11.525	»
3	—	30	»	....	90	»
3	—	40	»	....	120	»
23	—	50	»	....	1.150	»
1	—	60	»	....	60	,
15	—	100	»	....	1.500	»
1	—	150	»	....	150	»
1	—	176	75	....	176	75
	Souscriptions arriérées, soldées pendant l'année........			125	»
544			Total...........	15.348 fr. 25	

Le chiffre de 545 souscripteurs ne représente que les souscriptions encaissées pendant l'année. Il restait, au 30 septembre, à toucher quelques souscriptions dont l'addition élèverait encore le nombre total de nos souscripteurs. Les souscriptions encaissées en 1883-1884 étaient au nombre de 568.

Parmi les dons et les versements sans engagement annuel, nous remarquons un don de 100 francs versé par M. Levylier et un don de 1,000 francs versé par M. le docteur Millard.

La vente de mars 1885 a donné, nous l'avons dit, 46,530 fr. 90 c. de bénéfice net.

Nous possédions encore au 30 septembre quatre-vingt-dix francs de rente 4 1/2 0/0 et huit cent sept francs de rente 3 0/0.

Ces titres, tous nominatifs et inaliénables, figurent à l'inventaire pour une valeur de 22,563 fr. 73 c., solde du compte ouvert (1) ; ils sont déposés chez MM. Justin Worms, Dauphin, Alphen et Cie, 149, rue Montmartre.

Notre compte courant chez MM. Worms et Cie présentait, au 30 septembre, un solde à notre crédit de 456 fr. 10 c.

Les frais divers de la Société se sont élevés à la somme de 1,426 fr. 96 c., ils se décomposent ainsi qu'il suit :

Frais de poste, lettres...................... 116 fr. 35		319 fr. 25	
Convocations, imprimés...................... 202 90			
Impressions..................................		612 23	
Papeterie, registres.........................		29 90	
Courses et voitures..........................		246 40	
Dépenses diverses (pourboires, étrennes)......		142 50	
Timbres pour reçus, etc......................		76 66	
TOTAL................		1.426 fr. 96	

Voici le tableau des recettes, des dépenses et du déficit de chaque école pour l'année 1884-1885 :

	RECETTES. fr. c.	DÉPENSES. fr. c.	DÉFICIT. fr. c.
Ecole rue de Poitou............	14.770 70	48.734 47	33.963 77
— Duperré............	21.644 50	55.840 83	34.496 33
— d'Assas............	11.188 30	29.617 03	18.428 73
— des Boulets............	13.383 70	35.762 51	22.379 84
Totaux............	60.986 20	169.954 84	108.968 64 (²)

(1) Aux cours du 17 mai 1886, ces titres représenteraient ensemble une valeur de 24,430 fr. 30 c.

(2) Ces chiffres sont ceux du compte de caisse. Si l'on ajoute aux 108,968 fr. 64 c. qui représentent l'excédent des dépenses sur les recettes, les 18,146 fr. 71 c. dont les écoles de la rue Duperré et de la rue des Boulets sont débitées pour le loyer des immeubles qu'elles occupent, et 433 fr. 85 c. provenant des autres articles de l'inventaire, l'addition élèvera le chiffre du déficit total de l'année 1884-85 à la somme de 127,549 fr. 20 c.

Le total du déficit des écoles est supérieur de 4,886 fr. 39 c. à celui de l'année précédente, mais la différence ne doit pas être imputée à une diminution des recettes scolaires proprement dites ; le chiffre des rétributions scolaires encaissées est presque égal pour les deux années; il n'offre qu'une différence de 135 fr. 90 c. L'augmentation du déficit provient principalement de l'absence de sous-location à l'école de la rue de Poitou et d'une augmentation générale du chiffre des appointements des professeurs.

En joignant au déficit des écoles, les frais d'administration de la Société, les versements à la Caisse des retraites et les autres dépenses obligatoires, nous avons vu notre chiffre de pertes atteindre pour cette année, la somme de 141,000 francs environ, à laquelle il faut encore ajouter 2,478 fr. 35 c. pour amortissement de la valeur de nos fonds d'externats figurant à l'actif de nos derniers bilans. Notre perte totale a été exactement de 143,692 fr. 51 c. Nous n'avons pu la couvrir, par le produit de notre vente, par les dons et par les subventions que nous avons reçus, que jusqu'à concurrence de 112,692 fr. 21 c.

Il est donc resté au débit du compte de pertes et profits, une somme de 30,998 fr. 30 c., représentant le solde des pertes de l'année.

En examinant attentivement le compte de pertes et profits de l'année 1883-84, on s'apercevra qu'à 1,500 francs près, il eût laissé un solde pareil, si nous n'avions, d'une part, réalisé en 1883-84, un bénéfice de 30,883 fr. 60 c. sur des ventes de titres, et si, d'autre part, nous n'avions, en 1884-85, réduit l'amortissement de nos fonds d'externats au chiffre de 2,478 fr. 35 c. En ce qui concerne les recettes et les dépenses ordinaires de notre Société, on peut donc dire que notre situation financière est restée la même.

Nous avons appelé, l'année dernière, votre attention sur cette situation en la qualifiant de difficile, et, parmi les allègements possibles, nous vous avons signalé des modifications à apporter à l'organisation de notre école de la rue de Poitou. Nous vous avons exposé les raisons qui rendaient ces modifications désirables, et, suivant les dispositions que nous vous avions fait connaître, nous recherchions les moyens de réduire les dépenses de l'école, lorsqu'on nous a officieusement averties que la Ville de Paris se disposait à créer dans le même quartier une école professionnelle gratuite. L'ouverture de cette école eût probablement déterminé la suppression de notre école de la rue de Poitou, car il ne peut entrer dans nos vues de soutenir des établissements qui fassent double emploi avec ceux de la Ville. Dans ces prévisions, il nous est venu la pensée qu'il y aurait avantage pour la Ville et pour notre Société à ce que l'école de la rue de Poitou devint un établissement municipal. Nous en avons fait la proposition, le 14 juillet 1885 ; nos ouvertures ont été bien accueillies par le Conseil Municipal, et nous espérons voir se réaliser cette transaction doublement heureuse. Nous céderions notre école à la Ville, à la seule condition qu'elle se substituât à nous, tant pour le paiement des loyers que pour l'exécution de toutes les charges et conventions du bail, et qu'elle voulût bien conserver le personnel de l'école.

Cette combinaison donnerait à la Ville l'avantage d'acquérir gratuitement une installation récente et un matériel neuf, en s'assurant les services d'un excellent personnel dès longtemps formé à la pratique de l'enseignement professionnel.

Quant à nous, nous éprouverions une vive satisfaction à voir la Ville de Paris profiter, dans une certaine mesure, des dépenses et des efforts de tout genre que nous avons faits depuis vingt-quatre ans pour doter ce quartier d'une bonne école professionnelle, efforts qui seraient perdus si notre école devait disparaître devant l'école municipale.

Telle est l'affaire dont nous vous parlions au début de ce rapport. L'accord entre nous et l'administration de la Ville semble complet ; il ne reste plus à celle-ci qu'à terminer les négociations entamées avec le propriétaire au sujet d'une prolongation de bail et d'une promesse de vente de l'immeuble. Nous espérons qu'à cet égard aussi l'accord s'établira.

Cette question résolue replacera notre budget dans des conditions normales ; nous aurons alors à évaluer les ressources qui resteront entre nos mains pour donner à notre œuvre des applications nouvelles.

Dans le cercle offert à notre activité, il est encore bien des parties inexplorées. Si la Ville de Paris, remplissant notre vœu le plus cher, semble vouloir multiplier les externats professionnels, il n'existe encore aucun internat où les jeunes filles destinées au travail puissent recevoir une éducation vraiment pratique. Le jour est d'ailleurs encore éloigné où les écoles professionnelles municipales suffiront aux besoins de la population parisienne.

La nécessité d'ouvrir de nouvelles carrières aux femmes s'impose, chaque jour, avec une plus grande force ; les quatre mille cinq cents institutrices qui postulent actuellement pour entrer dans les écoles de la Ville de Paris sont là pour en témoigner. Or, les femmes n'aborderont point avec quelque succès des professions qui leur ont été longtemps fermées si elles n'acquièrent tout d'abord une capacité incontestable. De fortes études spéciales leur donneront seules le droit de réclamer leur place dans le monde du travail et le pouvoir de la tenir dignement. Il appartient à notre Société d'organiser cet enseignement et de rechercher les voies qui peuvent encore s'ouvrir à l'activité féminine. Nous ne visons pas seulement ici des travaux purement intellectuels, nous parlons de ceux où l'esprit et la main doivent collaborer pour produire une œuvre de quelque valeur. Enfin, n'oublions pas qu'outre la connaissance complète d'une profession, nous voulons douer nos élèves d'une intelligence cultivée et d'une moralité sûre.

Ces vues ne pourront se réaliser qu'au prix des nouveaux efforts que nous attendons de votre zèle sympathique. Il n'est pas, nous semble-t-il, d'œuvre plus attachante que la nôtre. La question de l'enseignement professionnel des femmes qui se posait à peine, il y a vingt-cinq ans, devant un petit nombre d'esprits éclairés, est devenue une question d'intérêt général d'une importance capitale. Les récompenses qui nous sont décernées, la sympathie qui nous entoure, le succès de nos élèves dans les professions qu'elles embrassent, nous donnent la joie de constater que nous pouvons travailler utilement à la résoudre. Ce sont autant de motifs pour nous de persévérer. Nous savons que ces sentiments sont les vôtres et qu'on vous trouve toujours prêtes, selon la belle parole de Mme Élisa Lemonnier, « à travailler avec » cœur pour le bien général, sans autre retour que le contentement de soi-« même et la satisfaction d'accomplir un grand devoir ».

Les membres sortants du Conseil d'administration par ordre d'ancienneté sont :

Mmes BEAUJEAN, A.,

MAGNIANT, veuve,

MANUEL, E.,

MILLARD, A.,

OBERNDŒRFFER, HUGO,

Mlle TOUSSAINT, JULIE.

Aux termes des statuts, ces membres sont rééligibles.

Avant de donner la parole à M. Armand Fumouze qui vous lira le rapport des Commissaires sur les opérations et sur les comptes de l'année, nous avons à vous faire connaître une bien regrettable nouvelle. M. V. Chauffour nous a fait savoir que l'état de sa santé l'empêche de conserver les fonctions de Commissaire qu'il remplissait depuis 1874. Nous prions M. Chauffour d'accepter l'expression de nos vifs regrets pour une décision qui nous prive d'un concours auquel nous attachions un très grand prix. Nous garderons toutes le souvenir le plus reconnaissant de son inépuisable bienveillance et de ses bons conseils.

A la place de M. V. Chauffour nous vous proposons d'élire M. Rochard dont l'incontestable compétence et le dévouement bien connu aux œuvres d'enseignement nous ont engagées à rechercher la collaboration.

Nous vous demanderons aussi de vouloir bien, par une résolution, approuver le retard apporté à la convocation de cette assemblée. Nous n'aurions pas voulu vous réunir sans vous exposer notre projet relatif à l'école de la rue de Poitou, ni commettre l'imprudence de le rendre public avant d'avoir pu concevoir à son sujet quelque sérieuse espérance de réalisation.

La parole est à M. Armand Fumouze.

RAPPORT DES COMMISSAIRES

Mesdames, Messieurs,

Votre Conseil vient de vous expliquer comment il a été entraîné à reculer de mois en mois la réunion de l'Assemblée générale qui aurait dû avoir lieu, aux termes de l'art. 28 de vos statuts, dans le courant de décembre. Après avoir entendu ses explications, vous ne lui refuserez pas le bill d'indemnité qu'il réclame au sujet de cette inobservation de vos statuts sociaux. Il aurait voulu, et ce désir était bien naturel, pouvoir vous annoncer, en assemblée générale, que la cession de votre école de la rue de Poitou à la Ville de Paris était un fait accompli. L'entente est complète, vous a-t-il dit, entre lui et l'administration, mais celle-ci, avant de signer le traité de cession, désire obtenir du propriétaire de l'immeuble occupé par votre école une prolongation de bail et une promesse de vente, ce qui laisse encore en suspens la conclusion définitive de cette affaire. Espérons que ce nouveau retard ne sera pas de longue durée, car il est très désirable de voir vos dépenses s'alléger.

En effet, le rapport si clair et si net de votre Conseil vous apprend qu'en 1885 vos recettes n'ont pas couvert vos dépenses. Elles se sont élevées, il est vrai, à 193,189 fr. 49, tandis que les dépenses ont atteint le chiffre de 192,485 fr. 45 ; mais nous devons vous faire remarquer, après votre Conseil, que, pour arriver à ce résultat, il a fallu vendre des valeurs dont le produit 15,258 fr. 20, figure comme recettes ; or, vous ne devez plus compter à l'avenir sur ce genre tout exceptionnel de ressources, puisque votre portefeuille ne renferme plus de valeurs dont vous puissiez disposer. La nécessité de restreindre vos dépenses, telle est la conclusion à laquelle nous conduit l'examen de vos comptes. Vous arriverez facilement à ce résultat, le jour où vous n'aurez plus à supporter les frais d'entretien de l'école de la rue de Poitou, et vous pouvez même espérer, votre budget étant allégé de cette charge, obtenir en fin d'exercice une somme disponible, dont l'emploi vous sera facile à trouver, nous n'en doutons pas.

Comme le dit avec raison votre Conseil dans son rapport : dans le cercle ouvert à votre activité, il est encore bien des parties inexplorées, et nous avons cru comprendre que vous songez déjà à les explorer, ne voulant pas vous laisser devancer par des rivaux qui du reste, ceci dit sans esprit de dénigrement, vous suivent, mais de loin, et n'ont su jusqu'à présent faire autre chose que vous imiter. Vous donnez l'exemple et entendez ne céder ce rôle à personne, nous n'en sommes pas surpris ; mais vous nous avez donné à remplir auprès de vous les fonctions ingrates de commissaires des comptes, ce qui nous oblige, bien malgré nous, nous vous en donnons l'assurance, à vous recommander la prudence et à vous engager à ne vous lancer dans une entreprise nouvelle que si vous possédez la somme nécessaire pour la mener à bonne fin.

Comme les années précédentes, le Ministère de l'Instruction publique et des Beaux-Arts et celui du Commerce et de l'Industrie vous ont donné un témoignage efficace de leur sympathie en vous accordant à titre de subvention, le premier 5,000 fr., et le second 6,000 fr. ; le Conseil Municipal de Paris, qu'aucun sacrifice n'effraie quand il s'agit de répandre l'instruction, n'a pas hésité à porter à 32,000 fr. sa subvention qui, l'année précédente, était de 28,000 fr. ; enfin le Conseil général de la Seine a fondé cette année quinze bourses dans vos écoles, sur le rapport de M. Piperaud, rapport que votre conseil qualifie trop modestement de bienveillant quand il aurait pu dire qu'il fait un juste éloge de vos écoles.

Votre vente de mai 1885 a produit un bénéfice net de 46,530 fr. 90, chiffre inférieur à celui de l'année précédente, lequel était exceptionnel, il est vrai, et que cependant vous avez presque atteint dans votre dernière vente qui a produit plus de 57,000 fr. Peut-être sommes-nous indiscrets en vous divulguant ce chiffre qui appartient à l'exercice courant, mais comment attendre décembre prochain pour vous féliciter de ce dernier succès ?

Le chiffre des cotisations annuelles est inférieur de quelques centaines de francs à celui de l'année 1884 ; cette faible diminution ne peut vous inquiéter, mais elle n'en est pas moins regrettable, car le nombre des adhérents à une œuvre est l'un des indices de sa vitalité ; quant aux rétributions scolaires, le chiffre en reste à peu près stationnaire.

Dans le chapitre des dépenses nous ne trouvons rien de particulier à vous signaler.

Votre actif, comparé à celui de l'année précédente, présente en moins une faible différence qui s'explique par une diminution dans l'estimation des valeurs existant en portefeuille, le 31 décembre 1885, et par l'amortissement annuel du prix de vos fonds d'externats.

L'arriéré des rétributions scolaires figure à votre actif pour 576 fr., somme bien minime comparée au chiffre des sommes encaissées ; son peu d'importance vous montre que la rentrée des rétributions scolaires se fait régulièrement.

La créance du Crédit Foncier forme, à proprement parler, tout votre passif ; elle diminue régulièrement tous les ans de l'annuité versée à cet établissement.

Cette année, votre compte de profits et pertes se solde par une perte de 378,872 fr. 17 en augmentation, en chiffres ronds, de 30,000 fr. sur celle figurant dans les comptes de 1884.

L'année dernière nous vous avons fait remarquer, vous vous le rappelez peut-être, que le mot perte est ici mal employé et que le solde de ce compte représente une partie des dépenses que vous avez faites pour développer votre œuvre et la maintenir au premier rang ; car il est bon de le dire, de le répéter : si votre situation financière n'est pas toujours très brillante, votre situation morale au contraire n'a jamais rien laissé à désirer ; vos écoles, en effet, ont toujours été, comme elles sont encore, à la tête des établissements qui donnent l'instruction professionnelle aux jeunes filles ; et qui le proclame ? Nous ? non pas, certes, car notre témoignage pourrait n'être pas jugé suffisamment impartial ; mais les jurys qui vous attribuent des récompenses, les commissions qui délivrent des diplômes à vos élèves, les patrons qui les emploient, les personnes qui viennent visiter vos écoles et, parmi elles, je citerai l'honorable M. Piperaud qui, dans son rapport, au Conseil général, exprime le désir de voir l'administration établir des écoles en tous points semblables aux vôtres.

En terminant ce rapide examen des comptes de l'exercice 1884-1885, il nous paraît juste d'ajouter que la comptabilité de votre Société est tenue avec un soin que nous nous plaisons à reconnaître.

Votre Conseil vient de vous annoncer que mon collègue, M. Chauffour, lui avait fait savoir que l'état de sa santé ne lui permettait pas de conserver ses fonctions de commissaire ; cette décision nous cause à tous de vifs regrets, à moi surtout qui, dans les trop rares instants que j'ai passés avec lui, avais eu l'occasion d'apprécier sa bienveillance, son aménité et surtout la rectitude de son jugement.

Nous vous proposons d'approuver les comptes de l'exercice 1884-1885.

Signé : A. Fumouze.

RÉSOLUTIONS DE L'ASSEMBLÉE

Après la lecture des deux rapports qui précèdent, l'Assemblée prend les résolutions suivantes :

1° L'Assemblée approuve les comptes présentés pour l'année 1884-1885 ;

2° L'Assemblée, après avoir entendu l'exposé des motifs qui ont fait remettre jusqu'au 17 mai 1886, la convocation de l'Assemblée générale qui devait, aux termes des statuts, se réunir en décembre 1885, approuve cet ajournement ;

3° L'Assemblée décide que les avis et les convocations seront insérés dans le journal *les Petites Affiches* ;

4° L'Assemblée nomme Commissaires pour l'année 1885-86, MM. Armand Fumouze et Ch. Rochard ;

5° L'Assemblée réélit membres du Conseil d'administration :

Mesdames BEAUJEAN,
MAGNIANT (Veuve),
MANUEL (EUGÈNE),
MILLARD (A.),
OBERNDŒRFFER (HUGO),
Mademoiselle TOUSSAINT (JULIE).

NOTA. — Dans sa réunion du LUNDI 17 MAI 1886, le Conseil d'administration a procédé à l'élection de son bureau pour l'exercice courant. — Ont été nommées : *Présidente*, Mme **DORIAN** ; *Vice-Présidentes*, Mmes Hugo Oberndœrffer et Mathé (II.), *Secrétaire*, Mme Paul Lemonnier ; *Trésorière* Mme Magniant.

Dans la même séance, le Conseil a nommé membres du Conseil consultatif, pour l'année 1885-86, MM. Charbonnel, Charles Lemonnier, Paul Lemonnier, Levylier-Goudchaux (Ad.), Jules Simon, Worms (Justin).

Souscripteurs.

ANNÉE 1884-1885

Mmes Adrian	25
Akar (Emile)	25
Allard (Saint-Ange)	50
Alphen-Salvador	25
Amail	10
Amson	25
Ancona (d')	25
Andecy (d')	25
Andrieux	25
Anonyme par Mme Hugo-Oberndœrffer	25
Anonyme par Mme Aron-Caen	50
Anspach	25
Armengaud	25
Arnaud (de l'Ariège)	25
Aron-Caen	25
Astruc (Nathan)	10
Aub	25
Aubernon	25
Audiffred	25
Babé	25
Barbeau	25
Barboza	25
Bardac	25
Mlle Barodet	25
Mmes Barrau (Caroline de)	25
Basset (Maurice)	10
Beaujean	25
Bechmann	25
Bedel (A.)	25
Becker	25
Beer (Jules)	50
Beley	25
Bérard	25
Berlyn	25
Bernard	25
Bernheim	25
Bertaux (Léon)	25
Bétolaud	10
Beyssac (Eugène)	25
Bickart-Sée	25
Biederman	25
Biollay (Léon)	25
Bischoffsheim	50
Bixio (Adèle)	25
Blandy	25
Blémont (Emile)	25
Bloch	25
Bloch (Félix)	25
Blum	25
Blum (M.)	25
Bocquet (A.)	25
Bompard	25
Bonnemère	25

Mmes Bourreau	25
Bouwens	25
Bordier	25
Borel	25
Borel (Ed.)	25
Bosselet	25
Boucher	25
Brisac	25
Brandon	25
Brisson (Henri)	25
Broca (Paul)	25
Broche	20
Brühl (David)	100
Brühl (Samuel)	25
Brull	25
Busquet	25
Caillavet (de) (Arman)	25
Cahn (H.)	25
Camus	25
Carnot, mère	25
Caron	25
Carraud	25
Casimir-Perier (Paul)	25
Cauvin (Ernest)	25
Cazé	25
Mlle Cazeaux	10
Mme Cerf (Hippolyte)	25
Mlle Chambolle (Sara)	25
Mmes Charpentier	25
Charras	25
Chénier	25
Chevalier	25
Cibiel	25
Clamageran	25
Cléray	25
Coblence	25
Gochot	25
Cohen	25
Cohn (Albert)	25
Cohn (Samson)	25
Coignet (Clarisse)	40
Colombier	25
Cornély	25
Coutrot	25
Colin	25
Créquy	25
Danjoy	25
Darlot	25
Daudet (Alph.)	25
Dauphin	25
Dècle	25
Dehaître	25
Delavigne	25
Derenbourg	25
Deschanel	25

Les souscripteurs inscrits depuis le 30 septembre 1885 jusqu'au jour de la publication du rapport, figurent sur cette liste.

Mmes Deslandes (Achille) 25
Deutz 25
Didier 25
Dollfus de Kattendyck.. 25
Dorian 25
Dorian (Charles)........ 25
Dreyfus 25
Dreyfus 25
Dreyfus (Émile)........ 25
Dreyfus (Gabrielle)..... 25
Dreyfus (Georges)...... 25
Dreyfus-Dupont 25
Duché................. 25
Dugoujon.............. 15
Dumas fils (Alexandre).. 25
Dupont (Gustave)....... 50
Duval-Stohrer 25
Ehrenberg 25
Elias 25
Ellissen (Albert)........ 40
Ellissen (Edouard)...... 50
Emerique 25
L'Epine (de)........... 25
Escalier 25
Esnée 25
Etienne............... 25
Even.................. 6
Fallek................ 25
Fanien 25
Ferry (Jules).......... 25
Firmin Saint-Claude ... 10
Flachfeld 25
Flamand-Duval........ 25
Flersheim (Max) 25
Mlle Fleury............... 25
Mmes Floquet.............. 25
Fournier (Alfred)...... 25
Fouché (Frédéric) 25
Foucher de Careil..... 25
Fould (I.)............. 25
Fould (Paul).......... 50
Fourié............... 25
Franck (Amédée)...... 25
Frankel (C.).......... 25
Frère................ 25
Fribourg 10
Froment............. 25
Fromentin........... 25
Gaertner 25
Gans 25
Gaudermen (Alcide).. 25
Gide 25
Glaive.............. 25
Gobron (G.)......... 25
Goldschmidt........ 25
Goldsmith (Léopold) . 100
Goudchaux (Michel).. 25
Goujon............. 25
Grandidier.......... 25
Gobert-Dalsace 25
Grimaux............ 25
Grosset............. 40
Groult.............. 10

Mmes Grunebaüm............ 25
Guérin 25
Guerlain (Gabriel)..... 25
Guetting 25
Guichard (Jules)....... 100
Mlles Guillaumin........... 25
Guionnet............. 25
Mmes Guyard.............. 25
Guyot (Jules)......... 25
Haarbleicher 50
Hadamard (David)..... 25
Halphen (Auguste).... 25
Halphen (Eugène) 50
Halphen (Georges).... 25
Halphen (Julien) 30
Hartog 25
Hauréau 25
Hauser 25
Havin 25
Hayem (Charles)...... 25
Hébrard.............. 25
Hecht (Myrtil) 25
Heine (Charles)....... 50
Hellmann (Marie)..... 25
Hendlé (Ernest)....... 25
Hermann (Albert)..... 25
Hermann 25
Hermann-Cohen...... 25
Herold 25
Hesse (Isidore)....... 25
Hesse (Adolphe)...... 25
Hesse (Siméon)....... 25
Heymann............ 25
Helbronn............ 25
Helbronner 25
Helbronner.......... 25
Hirsch 25
Holtzer-Boussingault .. 25
Hovelacque (Abel).... 25
Jacobber............ 25
Jametel (Gust.)....... 25
Janet (Paul) 25
Javal (Ernest)........ 25
Javal (Léopold)....... 100
Jay................. 25
Jeunesse (Anthony)... 25
Mlle Jones (C.).......... 25
Mmes Jourdain (Frantz)..... 25
Jules Simon 25
Juglar (M. J.)........ 25
Kampmann.......... 25
Kahn............... 25
Kahn (Philippe) 25
Kamioner 15
Kastor............. 25
Kayser 25
Kestner............ 25
Kohn.............. 25
Korch 25
Kurtz 25
Kœchlin (Alfred)..... 25
Labélonye (mère)..... 25
Labélonye (Jules)..... 25

Mmes	Labouret (Christian)	25
	Laforest	25
	Lagneau	25
	Lailler	25
Mlle	Lajeunesse	10
Mmes	Lange	15
	Lasson (G.)	25
Mlle	Laurens	25
Mmes	Laval (Louise de)	25
	Lazard (Elie)	100
	Lazard (Simon)	50
	Lazard (Alexandre)	25
	Lecerre	25
	Lecomte (Ch.)	25
Mlle	Lecœur	25
Mmes	Ledru-Rollin	25
	Leferme (Paul)	25
	Lefèvre (Philippe)	25
	Lefèvre (Charles)	25
Mlle	Lefrançois	25
Mmes	Lejeune	25
	Lemonnier (Jules)	25
	Lemonnier (Paul)	25
	Lener (Oscar)	25
	Léon	100
	Léon (Alexandre)	25
	Leonino (baronne Joseph)	25
	Lerchenthal	10
Mlle	Leroy	25
Mmes	Letourneau	25
	Levinger	25
	Leven (Louis)	25
	Lévi (Gustave)	25
	Lévi-Alvarès (Eugène)	25
	Lévi-Alvarès (Albert)	25
	Lévi-Alvarès (Gustave)	25
	Lévy (Jules)	25
	Lévy-Brühl	25
	Lévy (Aaron)	25
	Lévy (F.)	25
	Lévy (C.)	25
	Lévy (Georges)	25
	Lévy (Maurice)	25
	Levylier-Goudchaux	100
	Lippmann	10
	Lippmann (Edouard)	25
	Lisbonne	25
	Lockroy (Ed.)	25
Mlles	Loir	15
	Loizillon	25
Mmes	Lubeck	25
	Lyon	5
	Lœwenstein	25
	Madier de Montjau	25
	Magniant	50
	Maintz	25
	Mantin, aîné	25
Mlle	Mantoux	25
Mmes	Mannet	25
	Manuel	25
	Maritain	25
	Maruéjouls	25
	Masset	25
Mmes	Mathé	25
	Mathieu St-Hilaire	176 75
	May (Adèle)	25
	May (Antoine)	25
	May (Henry)	25
	May, née Kulp	25
	Mayer (Georges)	25
	Mayer (Marie)	20
	Mayer (Maurice)	50
	Ménard-Dorian	25
	Mercié (Antonin)	25
	Mesnil (du)	25
	Messener (François)	25
	Meyer (Jacques)	25
	Meyer (Lazare)	25
	Meyer (Michel)	25
	Mézières (A.)	25
Mlle	Michaud	25
Mmes	Millard	100
	Miot	25
	Miot (Aristide)	10
	Mouteil (Edgar)	20
	Mony (Adolphe)	25
	Molinos	25
	Murat (Charles)	50
	Nathan (Ch.)	25
	Nathan	25
	Neumann	25
	Oberndœrffer (Hugo)	50
	Ollendorff	25
	Olivier	25
Mlles	Oulmann (Alice)	25
	Oulmann (Bl.)	25
Mmes	Oulmont (Paul)	25
	Outin	25
Mlle	Ogez (Léonie)	25
Mmes	Ortmans	25
	Ouvrard	25
	Oppenheimer	25
	Paléologue	25
	Pam	30
	Pannier	25
Mlle	Pape-Carpantier	25
Mmes	Parquet	25
	Pellechet	25
	Pellet (Marcelin)	25
	Pelletan (Eugène)	25
	Pernolet	25
	Pérouse	25
	Perret (Michel)	50
	Pessot	25
	Petit (Fr.), d'Amiens	25
	Pfeiffer	25
	Philiponet	25
	Philippe (Léon)	10
	Philippi	25
	Philippon	25
	Piètrement	25
	Pillaut	25
	Pinedo	10
	Pontrémoli	25
	Porié	25

Mmes Poulet (Marius) 10
Porgès 100
Portalier-Lamarque..... 25
Propper 25
Prom................... 25
Raphaël 25
Rau.................... 25
Régnier................ 25
Reiss (Léopold) 25
Reynoird (E.).......... 25
Reynoird (Jules)....... 25
Ribot (Alexandre) 25
Rikoff................. 25
Risler (Charles) 25
Ritt................... 100
Robert................. 25
Robin 25
Rodrigue 25
Roitel................. 25
Roques................ 25
Rossignol.............. 25
Rothschild (bar. James de) 100
Rothschild (Gustave de). 25
Rousseau (Albert) (veuve) 25
Roussen (de) (Léon)..... 25
Saint-Arnould (de) 25
Saint-Chaffray......... 25
Saint-Laurent (de) 25
Saint-Pregnan (de)..... 25
Sally-Maintz........... 25
Salomon............... 25
Salvador............... 25
Saugé (A.)............. 25
Schwaeblé............. 10
Scheurer-Kestner....... 25
Schlésinger............ 25
Schuman............... 25
Schuster............... 25
Schmoll (Ch.).......... 25
Schloss................ 25

Mmes Schwartz (Jules) 25
Scribe (Eugène)........ 25
Sée (Léopold).......... 25
Sée (Marc)............. 25
Sée (Camille) 25
Seligmann (Henri)..... 25
Sémellé (de)........... 20
Silz................... 25
Singer................. 25
Simon (Simon)......... 25
Simmonds.............. 25
Souvestre (Emile)...... 25
Spire.................. 25
Sriber................. 20
Strauss................ 25
Susfeld 25
Taub (Louis)........... 40
Tétard-Dolbeau........ 25
Thiébaut (Henri)....... 25
Thomas (Charles)...... 25
Thomas (Clément) 25
Thomas (Gabriel)...... 25
Traz (Albert de)....... 25
Tripier 25
Tourangin (E.) des Bris-
   sards 25
Tugghe................ 25
Mlle Turner (Marguerite)..... 25
Mmes Van Brock............. 25
Vallet de Viriville 25
Weismann 25
Viardot................ 25
Villard 25
Mlle Virte (de)............. 12 50
Mmes Vivenot............... 25
Wallerstein 50
Weil.................. 25
Weil (A.)............... 25
Wickham............... 25
Worms 25

MESSIEURS.

MM. Adler (Jules)........... 25
Allard (E.)............. 25
Andouillé.............. 100
Appert 25
Arago (Etienne)........ 25
Arnaud (Joseph)....... 25
Aron (Alphonse)....... 25
Barthélemy (A.) 25
Bayle 6
Bayles (W.) 25
Bellmann.............. 25
Benda (Georges)....... 25
Benda (Adolphe)....... 25
Biollay (Léon) 25
Biollay (Paul)......... 25
Blumenthal (Alex.)..... 25
Blumenthal (Ch.)...... 25
Blumenthal (Willie).... 25
Bochet (Léon).......... 25

MM. Brelay (Ernest) 25
Brisac (le général)...... 25
Broca (Emile).......... 25
Broca (Georges)........ 25
Brühl (Paul)........... 25
Brühl (Simon) 25
Cadet.................. 10
Cahen (Désiré)......... 10
Carnot (Adolphe)....... 25
Casimir-Perier (Paul)... 25
Cavaignac (Godefroy)... 25
Chabaud-Arnault (A.)... 25
Chauffour-Kestner 25
Cibiel (Théodore)...... 25
Crespin (A.)........... 25
Daniels................ 25
Daumer 6
Even (fils) 6
Faivre (Albert)......... 25

MM. Ferry (Charles) ... 25
Flersheim (F.) ... 25
Franck (Robert) ... 25
Fumouze (Armand) ... 50
Gallien ... 25
Germain (Henry) ... 25
Godart ... 25
Goujon (Dr) ... 25
Grimaud ... 20
Grus ... 25
Guérinot ... 25
Hauser (Alph.) ... 25
Hecht (Albert) ... 25
Hecht (Marcus) ... 25
Hellmann (Jules) ... 25
Hermann (W.) ... 25
Hachette (Georges) ... 25
Horevitze ... 25
Hovelacque (Ed.) ... 50
Hurtu ... 25
Immerwahr (Louis) ... 25
Jackson (William) ... 25
Journault (Léon) ... 25
Kolisch ... 100
Laisné (Hippolyte) ... 50
Lamy (Ernest) ... 25
Laurent-Pichat ... 25
Lauth (Ch.) ... 25
Lazard (Maurice) ... 25
Lemonnier (Charles) ... 60
Lemonnier (Paul) ... 50
Legouvé ... 25
Lesueur ... 25
Letourneau (dr) ... 25
Leven ... 25
Lévy (Emile) ... 25
Lippmann (colonel) ... 50
Loge Alsace-Lorraine ... 150
Love (dr) ... 25
Love (dr) (James) ... 25
Lugol ... 25
Madalinski ... 25
Mathé (Henri) ... 25
Mathis ... 25

MM. Maujan ... 25
Mayeur (Maximilien) ... 25
May (Georges) ... 20
Marx (Arnold) ... 25
Max-Mohr ... 25
Mayer (Ernest) ... 50
Mayeux (Henri) ... 25
Mendelsohn ... 25
Meyer (Edouard) ... 25
Millard (Dr A.) ... 50
Morel Kahn ... 25
Mulot (Alfred) ... 25
Munier ... 20
Muret (Maurice) ... 25
Ochs (Alphonse) ... 25
Ogez (René) ... 25
Oulmann (Georges) ... 25
Oulmann (Camille) ... 25
Patron ... 25
Patry (commandant) ... 25
Penha (de la) (Immanuel) ... 25
Penha (de la) (Maurice) ... 100
Pompery (de) (Ed.) ... 25
Premsel ... 25
Raçon (Simon) ... 30
Récipon ... 25
Risler (Charles) ... 25
Romilly (de) ... 25
Rosenfeld (Charles) ... 25
Rouen (Henry) ... 25
Savoye (Ferdinand) ... 25
Say (Léon) ... 25
Schœlcher ... 25
Schloss (Ad.) ... 25
Schloss (Eugène) ... 25
Talabot (Paulin) ... 25
Traz (Edouard de) ... 25
Tréfousse (Léonce) ... 10
Teutsch ... 25
Vanderheym (Hermann) ... 25
Verschave ... 25
White (F.-A.) ... 100
Worms (Justin) ... 25

Fondateurs.

Mᵐᵉˢ Alcan.
Anonyme (par Mme Guéroult).
Allard (Adèle).
Astruc (Palmyre).
Audelange (baronne d').
Audiffred.
Barrau (Caroline de).
Barrau de Muratel (baronne de).
Béaujean.
Mˡˡᵉ Beuque.
Mᵐᵉˢ Benary.
Bertillon.
Biollay (Marie-Léon).
Bischoffsheim.
Boissonnet.
Borel.
Mˡˡᵉ Bonheur (Rosa).
Mᵐᵉˢ Boys des Guays (Clotilde le).
Brühl.
Mˡˡᵉˢ Cahn (Madeleine et Esther)
Cahn (Yvonne).
Mᵐᵉˢ Callebaut.
Cheneau.
Coignet.
Colombier.
Cornély.
Cormeille (de).
Coster (de).
Delaporte (Marie).
Depret (Marie).
Depret (mère).
Depret (Henry).
Desmarest.
Devaux.
Dorian.
Durand.
Espinassous (d').
Floquet (Charles).
Fréville (Eugène).
Forquenot.
Garfounkel.
Gallois.
Germain (Henry).
Guionnet.
Mˡˡᵉ Guionnet.
Mᵐᵉ Geoffroy-St-Hilaire (Stéphanie).
Mˡˡᵉ Geoffroy-St-Hilaire.
Mᵐᵉˢ Giraud-Lesourd (Angers)
Griess-Trautt.
Guaita (de).
Guépin (de Nantes).
Guéroult (Anaïs).
Guieyesse (Paul).
Gouin (Ernest).
Grimault.
Habert (Fortunée).
Hallot.
Halphen (Anselme).
Halphen (Joseph).
Halphen (Georges).
Hollond.

Miss Holms (de Londres).
Mᵐᵉˢ Hunt.
Jametel (G.).
Jules Simon.
Kestner.
Labélonye (Jules).
Lacour de Saint-Fargeau.
Lafond de la Vernède.
Lameyer.
Laval (Louise de).
Lazard (Elie).
Lazard (Simon).
Lemonnier (Elisa).
Léon (A.).
Levylier-Goudchaux.
Linneville (de).
Love.
Marguerittes (de).
Masseron.
Mˡˡᵉ Marx (Louise).
Mᵐᵉˢ Meulien.
Michelet (Jules).
Millard.
Morellet.
Mony.
Mouret.
Neuvry (de).
Parquet.
Passy.
Pelletan (Eugène).
Mˡˡᵉˢ Pernolet (Zoé).
Pernolet (Blanche).
Mᵐᵉˢ Petitpas.
Proust.
Putnam (de Boston).
Rémusat (Paul de).
Rabreau.
Randoing.
Rodrigue.
Rousseau (Mally).
Redelsperger.
Rothschild (baronne James de).
Rothschild (baronne Gustave de).
Rothschild (baron Nathaniel de).
Salvador (Delphine).
Scribe (Eugène).
Mˡˡᵉ Simon (Betty).
Mᵐᵉˢ Souvestre (Emile).
Smith.
Thuret-Fould.
Trélat.
Toulmouche.
Mˡˡᵉˢ Toulmouche (Charlotte).
Toussaint (Julie).
Mᵐᵉˢ Warbourg.
Vauthier.
Weill (de San-Francisco).
Viardot (Pauline).
Villarceau-Ivon (Delphine).
Vivens (comtesse de).

MESSIEURS.

Abar (Louis de).
Adam (E.).
Albert.
Allard.
Amail.
Andouillé.
Arlès-Dufour.
Bailly-Mill.
Bal (Ch.).
Barbier.
Barmore (de New-York).
Barrau de Muratel (Maurice de).
Barrot (Odilon).
Barthélemy Saint-Hilaire.
Beer (Jules).
Biesta.
Biollay (Léon).
Biollay (Paul).
Bischoffsheim.
Bixio (Alexandre).
Bois (Victor).
Bourguin.
Brame (Ed.).
Broleman.
Carnot.
Cavaignac (Godefroy).
Cerise (docteur).
Cernuschi.
Cheuvreux.
Chevalier (Michel).
Cohn (Albert).
Coignet (François).
Corbie (de).
Créhange.
Davillier.
Delessert (Henry-Edouard).
Donon.
Doumerc.
Dubois (de Pacé).
Ducoux.
Dufaure.
Dumas père (Alexandre).
Eichthal (Adolphe d').
Feutré (Angély).
Flachat (Eugène).
Forquenot.
Fouray.
Fumouze (Armand).
Germain (Henry).
Grasset.
Grieninger.
Grus.
Guillemard.
Hendlé (Ernest).
Javal (Léopold).
Joubert.
Labrouste.

Lamothe.
Lang.
Laurent-Pichat.
Lavigne.
Lazard.
Lemonnier (Ch.).
Lemonnier (Paul).
Lemonnier (Louis).
Lissagaray.
Mallet (Charles).
Martin (Henri).
Martin-Paschoud.
Massez.
Mayer (Ernest).
Mayer (Paul).
Millard (Dr).
Moigneu (F.).
Nigra.
Pâris (Aimé).
Perdonnet.
Pereire (Emile).
Pereire (Eugène).
Pereire (Isaac).
Petiet (Jules).
Rabréau (Eugène).
Rama.
Rambourg.
Rapeaud.
Rey (A.).
Risler-Kestner (Camille).
Salvador (Casimir).
Sauvage.
Say (Léon).
Séraphin (Hippolyte).
Schickler (Fernand).
Sénart.
Seillière (baron).
Siry.
Talabot (Paulin).
Taillois.
Tiedeman (de Genève).
Toureil.
Tricoche.
Warnier (ex-député de la Marne).
Vergé.
Verdeau.
Wertheimber.
Compagnie Parisienne d'éclairage et de chauffage par le gaz.
Compagnie générale des omnibus.
Clémente amitié cosmopolite (la loge).
Le Devoir (ci-devant logé Henri IV).
L'Étoile du Pacifique (de Valparaiso) (la loge).

Fondateurs de Prix.

ÉCOLE RUE DE POITOU, 7.

Mmes ALLARD (Adèle), prix annuel de 25 fr., pour le commerce.
LEJEUNE, prix annuel de 25 fr., pour la peinture sur porcelaine.
Albert COHN, prix annuel de 20 fr., pour les arts industriels.
MAGNIANT, prix annuel d'anglais, un volume.
PHILIPPI,   id.   id.
Elisa LEMONNIER, prix d'excellence, représenté par un beau volume.

ÉCOLE RUE DUPERRÉ, 24.

Mmes Léon BIOLLAY, prix annuel de 50 fr., pour le commerce.
Albert COHN, prix annuel de 20 fr., pour les arts industriels.
MILLARD, prix annuel de 50 fr., pour la gravûre sur bois.
Eugène SCRIBE, prix annuel de 25 fr., pour la couture.
MAGNIANT, prix annuel d'anglais, un volume.
PHILIPPI   id.
Elisa LEMONNIER, prix d'excellence, représenté par un beau volume.

ÉCOLE RUE D'ASSAS, 70.

Mmes MILLARD, prix annuel de 20 fr., pour la couture.
MILLARD, prix annuel d'anglais, un volume.
MAGNIANT,   id.
PHILIPPI,   id.
Elisa LEMONNIER, prix d'excellence, représenté par un beau volume.

ÉCOLE RUE DES BOULETS, 44.

M. Armand FUMOUZE, prix annuel de 25 fr., pour le dessin.
     id.   id.   id.   id.   pour le commerce.
Mmes MAGNIANT, prix annuel d'anglais, un volume.
     id.   prix annuel de 20 fr., pour la couture.
PHILIPPI, prix d'anglais, un volume.
Elisa LEMONNIER, prix d'excellence, représenté par un beau volume.

Prix donnés après concours entre les élèves des quatre écoles.

COURS PROFESSIONNELS, PRIX OFFERTS PAR :

MM. Paul LEMONNIER, prix annuel de 50 fr., pour le dessin.
    CABART   id.   25   id.
Mmes DE TRAZ (Marthe)   id.   100   id.   (composition).
    Max KANN, une machine à coudre, prix annuel de couture.

Donateurs de prix.

M. A...	M. JACKSON (James).
Mmes ARON-CAEN (Eugène).	Mmes JACOBBER.
BRUHL.	KAHN (Philippe).
M. BOUVART.	LAZARD (Elie).
Mmes CARNOT, mère.	LAZARD (Simon).
CHARRAS.	LECERRE.
COLIN.	LEVYLIER-GOUDCHAUX.
DEUTZ.	LÉVY (Georges).
DORIAN.	MANUEL (Eugène).
FLOQUET (Ch.).	MANTIN aîné.
FRANCK (Amédée).	MATHÉ.
GOUDCHAUX (Michel).	Ministère de l'Instruction Publique.
HALPHEN (Eugène).	Mme MURAT (Charles).
HARTOG.	Mlle OULMAN (Alice).
HAYEM (Charles).	M. PASQUIER.
HECHT (Albert).	Mme PHILIPPON.
HECHT (Myrtil).	Préfecture de la Seine.
HESSE (Adolphe).	M. THIRIET.
HERRMANN (W.).	Mmes VAN BROCK.
HUGO OBERNDŒRFFER.	WALLERSTEIN.
M. IMMERWAHR (Louis).	

Fondateurs de Bourses.

Conseil Municipal de Paris, soixante bourses.
Conseil Général de la Seine, quinze bourses.
Association générale d'Alsace-Lorraine, une bourse et demie, rue Duperré.
Mmes Léon BIOLLAY, 1/4 de bourse, rue de Poitou.
    Id.   1/4 de bourse, rue Duperré.
Caisse des Ecoles du 6e arrondissement, une bourse, rue d'Assas.
Mme DORIAN, une bourse, rue de Poitou et deux bourses, rue des Boulets.
Mlle BERTHA DORIAN, une bourse, rue Duperré.
Loge l'*Etoile du Pacifique* (de Valparaiso), une bourse, rue Duperré.
FR., une bourse, rue Duperré.
Mmes Simon LAZARD, une bourse, rue des Boulets.
    LOVE (Alix), une bourse, rue Duperré.
    LŒWENSTEIN, une bourse, rue Duperré.
M. MARTIN ANTIDE, une demi-bourse, rue Duperré (fondée par Mme MANNET).
Mmes Sally MAINTZ, une bourse, rue Duperré.
    HUGO OBERNDOERFFER, deux bourses, rue Duperré.
    Anonyme (par Mme HUGO OBERNDŒRFFER), deux bourses.
Mlle OULMANN (Blanche), une bourse.
    Société des Abeilles (instit. des Ruches à Fontainebleau) une bourse, rue Duperré.
    Société du Sou des Ecoles laïques du 7e arrondiss., trois demi-bourses, rue d'Assas.

Donateurs de la Bibliothèque et des Collections.

Mmes Adrien.
Beaujean.
Belloc.
Boulanger.
Brühl.
Beuque (Aimée).
Carnot.
Charras.
Calonne (de).
Clamageran.
Coignet (Cl.).
Dalloz.
Deutz.
Derenbourg.
Dorian.
Ferry (Jules).
Floquet (Ch.).
Garcin.
Giraud-Lesourd (d'Angers).
Guignet.
Halphen (Eugène).
Hayem (Charles).
Hecht (Albert).
Hessé (Ad.).
Hesse (Arthur).
Hollond.
Javal (Léopold).

Mmes Jules Simon.
Lailler.
Lameyer.
Lacour de Saint-Fargeau.
Leferme (Paul).
Lévy-Alvarès.
Levylier-Goudchaux.
Love.
Mathé.
Magniant.
Manuel (Eugène).
Marchais.
Mélan.
Millard.
Niboyet.
Oberndœrffer (Hugo).
Mlle Oulmann (Alice).
Mmes Pape-Carpantier.
Rabreau.
Régnier.
Sauvestre (Ch.).
Smith.
Souvestre (Émile).
Verdier-Dollfus.
Mlle Vérenet (à Monthiers, Aisne).
Mme Wickham (Georges).

MESSIEURS.

MM. Baudouin.
Beljame.
Bellay.
Belouet (Henry).
Best.
Bonnefond.
Borrani.
Boucheron.
Breton.
Callebaut (Ch.).
Carbillet.
Carnot (Adolphe).
Carnot, père.
Clauzet.
Dargaud.
Dauban.
Delbrük (Jules).
Despoix-Leneveux.
Faure.
Ferry (Jules).
Fauvety.
Fumouze (Armand).
Géruzez.
Goldsmith (Docteur).
Grandeau.
Grangedor.
Grosselin.
Guépratte.
Guillemin (A.).
Hachette.
Hébert (d^r).

MM. Hetzel.
Jules Simon.
Kerckhove (de).
Larousse.
Larroque (P.).
Lemonnier (Paul).
Lemonnier (Louis).
Leneveux.
Loubens.
Macé (Jean).
Michelet (Jules).
Michel (d^r).
Morand.
Noël Eugène (de Rouen).
Paul Dupont.
Pasquier.
Pizetta.
Pompery (Ed. de).
Reynoird (E.).
Risler-Kestner (Camille).
Richard (Maurice).
Savoye (Ferd.).
Siry.
Sœman.
Suzanne.
Tandon.
Tarnier.
Toulmouche (René).
Trélat.
Turner (d^r).
Société Franklin.

Annexe au Rapport du Conseil d'Administration
Mai 1886

Tableau Général

ADRESSES DES ÉCOLES	ÉLÈVES INSCRITS	ÉLÈVES PRÉSENTÉS	BOURSES ACCORDÉES
7, rue de Poitou....	101	99	16
24, rue Duperré......	191	174	54 + ½
70, rue d'Assas......	111	100	20 + ½
41, rue des Boulets...	159	146	29
Totaux......	562	525	119 + ½

Répartition des Bourses

ÉCOLES	BOURSES	1/2 BOURSE	2/3 DE BOURSE	1/4 DE BOURSE	NOMBRE DES DÉGRÈVEMENTS
7, rue de Poitou..	9	8		12	20
24, rue Duperré...	52	3	2		57
70, rue d'Assas....	18	5			23
41, rue des Boulets	23	12			35
Totaux...	102	14 bours.	½ 6 bours.	3 ¼ cinq	144

Résultats d'examens

ÉCOLES	DIPLÔME DE PROFESSEUR D'ANGLAIS	INSTITUTRICES PRIMAIRES	DEGRÉ ACCÉLÉRÉ	PEINTURE CI-ESSAIN	DESSIN SUR BOIS
7, rue de Poitou...	1	10	2	2	
24, rue Duperré...	2	21	2	11	6
70, rue d'Assas ...		13	4	2	
41, rue des Boulets.		9	5	2	
Totaux...	3	53	13	17	6

Répartition des Élèves par cours

ÉCOLES	COURS DE COMMERCE	ATELIER DE COUPE	DESSIN INDUSTRIEL	PEINTURE SUR PORCELAINE ET ÉMAIL	SUR VERRE	GRAVURE SUR BOIS	COURS DE 2e ANNÉE DIVERS	TOTAUX
7, rue de Poitou...	32	20	10	10			29	101
24, rue Duperré....	46	23	50	15		6	51	191
70, rue d'Assas....	33	10	28	10			30	111
41, rue des Boulets.	35	18	21		18		67	159
Totaux...	146	71	109	35	18	6	177	562

Résultats des concours de fin d'année entre les quatre écoles

ÉCOLES	COURS GÉNÉRAUX 1er PRIX	2e PRIX	ACCESSIT	TOTAL DES RÉCOMPENSES	COURS SPÉCIAUX 1er PRIX	2e PRIX	ACCESSIT	TOTAL DES RÉCOMPENSES
7, rue de Poitou...	3	3	35	41	1	1	18	20
24, rue Duperré....	8	7	68	83	6	7	29	42
70, rue d'Assas....	8	6	33	47			4	4
41, rue des Boulets.	2	2	13	17			1	1
Totaux...	21	18	149	188	7	8	52	67

et de concours

EXPOSITION DE BLANC ET NOIR ADMISSIONS	RÉCOMPENSES	POSTES ET TÉLÉGRAPHES	PROFESSEURS DE DESSIN VILLE DE PARIS	BREVET DES ÉCOLES PREMIER DEGRÉ	DEGRÉ SUPÉRIEUR
1			1	3	1
5	1		2	2	4
		1			
6	1	1	3	5	5

VERSAILLES. — IMPRIMERIE CERF ET FILS, 59, RUE DUPLESSIS.

VERSAILLES. — IMPRIMERIE CERF ET FILS, RUE DU PLESSIS, 59.